토닥토닥
성경구절

상황별로 찾아 읽는 생명의 말씀

토닥토닥 성경구절

초판 1쇄 인쇄 2023년 12월 15일
초판 1쇄 발행 2023년 12월 29일

신고번호 제313-2010-376호
등록번호 105-91-58839

엮은이 양윤영

발행처 보민출판사
발행인 김국환
기획 김선희
편집 조예슬
디자인 김민정

ISBN 979-11-6957-109-8 03230

주소 경기도 파주시 해올로 11, 우미린더퍼스트@ 상가 2동 109호
전화 070-8615-7449
사이트 www.bominbook.com

- 성경 본문은 성서원 쉬운말성경을 사용하였습니다.
- 가격은 뒤표지에 있으며, 파본은 구입하신 서점에서 교환해드립니다.

상황별로 찾아 읽는 생명의 말씀

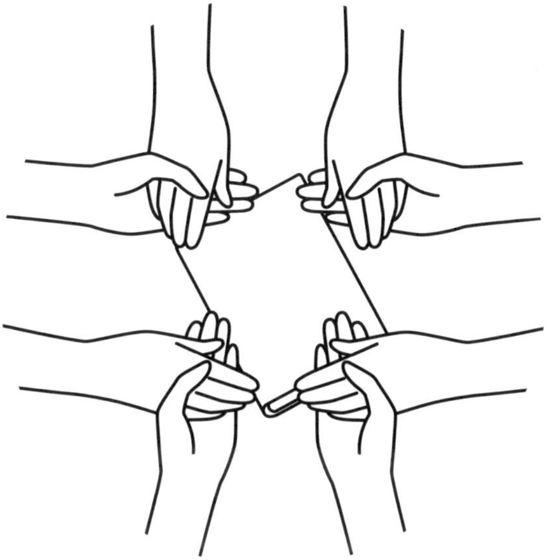

토닥토닥 성경구절

양윤영 엮음

이 책은 상황별로 우리에게
도움을 주는 성경구절을 모아 엮었습니다.

보민출판사

머리말

하나님의 말씀인 성경은 매일 먹어야 할 영의 양식입니다. 바쁜 현대 사회에서 성경책을 펼칠 여유가 부족함에도 그리스도인이라면 말씀을 읽기 위해 노력해야 합니다. 우리가 세상일에 지쳐 눈물지을 때 걱정과 원망의 마음이 우리를 사로잡지만 그 때 가장 절실한 건 하나님께 나아가는 것입니다. 합력하여 선을 이루시는 하나님의 뜻을 믿음으로 성경 말씀을 읽고 찬양을 부르며 기도를 드리는 것만이 우리가 할 일입니다.

이 책 「토닥토닥 성경구절」은 상황별로 우리에게 도움을 주는 성경구절을 모은 책입니다. 성경의 본문은 성서원의 「쉬운말 성경」을 인용하였고, 성경구절 아래의 주석은 존 월튼 등의 「IVP 성경배경주석」을 참고하였습니다. 또한 성경구절 앞에 말씀의 핵심이 되는 내용을 간결한 도움말로 적었습니다. 이 책을 엮으면서 성경 공부를 다양한 방식으로 하는 것이 말씀을 더 깊이 이해하게 한다는 것을 알게 되었습니다.

성경을 처음부터 끝까지 통독하면서 말씀을 읽어 왔었는데, 이 책을 집필하는 과정에서 상황별로 도움이 되는 성경구절을 찾아 읽는 것이 세상을 살면서 겪는 다양한 상황 속에서 우리가 어떻게 생각하고 행동해야 하는지에 대한 하나님의 지혜를 알려 주었습니다. 이것은 나의 삶과 동떨어진 말씀 읽기가 아닌 나의 삶에 바로 적용되는 말씀 읽기로 이끌어 주었습니다. 이 책이 제가 경험한 것처럼 여러분의 삶에서도 함께 동행하시는 말씀 읽기를 위한 안내서가 되기를 바랍니다.

- 2023년 10월 5일

엮은이 **양윤영**

참고 도서

쉬운말 성경(성서원)

IVP 성경배경주석(존 월튼, 빅터 매튜스, 마크 샤발라스, 크레이그 키너)

추천사 (1)

이 책의 저자분이 오래도록 기도하며 혼신의 힘과 영감으로 집필한 흔적을 보며 참으로 큰 감동이 되었습니다. 물질만능과 가치관 혼란의 시대에 진리를 따라 살아간다는 것이 얼마나 어려운지도 인식하지 못하는 기독교인들이 많습니다. 비기독교인들은 말할 것도 없고요.

성경 66권을 읽어보는 분들도 많지는 않고, 예수님의 가르침을 통해 인생의 나침반과 구원의 진리를 알아가기가 쉽지 않습니다. 이 책의 소제목들은 말씀 안에서 어떤 상황에 대해 적절한 적용과 실천력을 쉽게 발견하고 알아갈 수 있게 하여 큰 도움이 됩니다. 바쁜 하루 중에서도 요점만 찾아가기도 용이하여 필요한 영의 양식을 보약 먹듯이 챙길 수 있음이 큰 이득입니다. 성경 말씀만이 정답이요, 올바른 길잡이임을 알도록 도움을 주는 책이어서 참으로 감사한 일입니다. 도와주신 성령님께 영광을 돌리며 감사드립니다.

- 한마음노숙선교회 원장 **김성희**

추천사 (2)

진실한 성도는 하나님 말씀을 사모합니다. 때로는 말씀이 달콤한 디저트같이 우리에게 기쁨을 주기도 하고, 때로는 날카로운 비수가 되어 우리 영혼에 꽂힙니다. 말씀으로 인도받고, 말씀으로 책망을 받고, 말씀으로 용기를 얻습니다.

우리 교회 양윤영 집사님께서 「토닥토닥 성경구절」 책을 내셔서 기쁘게 생각합니다. 양윤영 집사님은 조용히 예배에 참석하여 은혜받고, 드러나지 않는 곳에서 봉사의 손길을 펴시는 분입니다. 과학을 전공하셔서 대학에서 가르치시면서, 틈틈이 성경을 읽고 은혜받은 말씀을 나누고자 이 책을 쓰게 되었습니다. 인생사의 굴곡을 겪으면서 성경에서 직접 찾은 해답을 썼기에 더욱 가치가 있습니다. 이 책의 매 페이지를 통하여 말씀으로 토닥여 주시는 하나님을 만나실 것입니다.

- **장동민** 목사(홍광교회 담임목사 · 백석대학교 교수)

목차

Chapter 3

Chapter 4

Chapter 5

Chapter 6

Chapter 10

Chapter 11

Chapter 12

Chapter 1

복음

"하나님은 세상을 창조하셨습니다."

(창 1:1) 태초[1]에 하나님께서 하늘과 땅을 창조하셨다.

"하나님은 심판자이십니다."

(전 12:14) 하나님께서는 우리의 모든 행위를 심판하시는 분이시다. 악한 일이든 선한 일이든, 또한 몰래 행해진 숨은 일들까지도, 하나님께서는 하나도 빠짐없이 다 심판하신다.

"예수님은 우리의 죄를 대속하신 구원자이십니다."

(요 3:16~17) 하나님께서는 세상[2]을 극진히 사랑하셔서 외아들을 보내주셨소. 그것은, 누구든지 그 아들을 믿

---

1 시작 기간

2 요한복음에서 '세상'은 아직 하나님의 뜻을 따르지 않는 사람들을 의미한다.

는 자마다 멸망하지 않고 영원한 생명을 얻게[3] 하려는 것이오. 하나님께서는 세상을 심판하려고 그 아들을 보내신 것이 아니라, 그 아들을 통해 세상을 구원하려고 보내셨소.

(고전 15:2~4) 내가 여러분에게 전한 말씀을 여러분이 헛되이 믿지 않고 굳게 잡고 있다면, 여러분은 그 복음에 의해 구원을 받을 것입니다. 나는 내가 전해 받은 가장 중요한 것들을 여러분에게 그대로 전했습니다. 그것은 곧, 그리스도께서는 성경에 기록된 대로[4] 우리의 죄를 위해 죽으셨다는 것과, 무덤에 묻히셨다는 것과, 성경에 기록된 대로[4] 사흘 만에 다시 살아나셨다는 것과,

(행 1:3) 예수께서는 십자가 고난을 받으신 후, 부활의 몸으로 사도들에게 몸소 여러 차례 나타나서서, 자신이 살아 계시다는 확실한 증거를 여러모로 보여주셨습니다. 부

---

3 요한이 현재시제('얻다')를 사용한 것은 예수님을 믿는 사람은 현재의 때에 이미 그 생명을 체험하기 시작한다는 의미를 나타낸다.

4 이사야 53

활 후, 예수께서는 40일 동안 제자들에게 나타나셔서 하나님 나라에 관하여 말씀해 주셨습니다.

"성령님은 우리를 진리로 인도하십니다."

(행 2:38) 베드로가 대답했다. "회개하십시오. 그리고 예수 그리스도의 이름으로 세례를 받으십시오. 그러면 죄를 용서받을 수 있고, 성령을 선물로 받게 될 것입니다."

(요 14:26) 그러나 이제 내 아버지께서 내 이름으로 보내실 '돕는 분'이신 성령이 이 모든 것을 너희에게 가르쳐 줄 것이고, 또한 내가 너희에게 말한 모든 것을 너희가 생각해낼 수 있도록 그가 너희에게 또다시 일깨워 줄 것이다.

믿음이 없을 때

"믿음은 성경 말씀을 들음으로부터 시작됩니다."

(롬 10:17) 그러므로 결국 믿음은 말씀을 듣는 데서부터 시작되고, 또 듣는 것은 그리스도의 말씀에서 비롯됩니다.

(히 11:6) 믿음이 없이는 아무도 하나님을 기쁘시게 해 드릴 수 없습니다. 그러므로 하나님께로 나아가려고 하는 사람은 누구든지 하나님께서 살아 계신다는 것과, 또 그분은 자신을 진정으로 열심히 따르는 사람들에게 반드시 상을 주시는 분이시라는 것을 믿어야 합니다.

"우리 안에 거하시는 성령님은 예수님을 증언하십니다."

(요 15:26) 그러나 '돕는 분' 곧 내 아버지께로부터 나오는 진리의 영을 내가 너희에게 보내면, 그분이 와서 나를 위해 증언해 줄 것이다.

말씀을 가까이하라

"성경은 성령의 감동으로 기록된 하나님의 말씀입니다."

(딤후 3:16) 성경의 모든 책들은 하나님의 영감을 받아 기록된 것으로, 참된 진리가 무엇인지 가르치고, 책망을 통해 잘못을 바로잡게 하고, 또 의로써 훈련시키기에 아주 유익한 책입니다.

"성경 말씀을 가까이 하여 읽어야 합니다."

(수 1:8) 이 율법책을 네 입술에서 떨어지지 않도록 하여라. 밤낮으로 그 율법책을 묵상하고, 거기에 쓰인 그대로 행하도록 하여라. 그러면 너는 무슨 일이든지 다 잘 되어 크게 번영할 것이다.

"성경 말씀은 우리의 삶을 인도해 줍니다."

(시 119:105) 주님의 말씀은 내 발을 인도하는 등불이요, 내 길을 비춰주는 빛입니다.

(요 8:31~32) 예수께서 자신을 믿는 유대인들에게 말씀하셨다. "여러분이 내 가르침을 따라 산다면, 여러분은 참으로 나의 제자들입니다. 그러면 여러분은 진리를 알게 될 것이고, 진리가 여러분을 자유롭게 할 것입니다."

(눅 8:11, 15) 이 비유의 뜻은 이러하다. 여기서 씨는 하나님의 말씀이다. 씨가 좋은 땅에 떨어졌다는 것은, 착하고 선한 마음으로 말씀을 듣고서, 그 말씀을 굳게 간직하여, 마침내 인내로 열매를 맺는 사람을 두고 하는 말이다.

간구할 때

"예수님의 이름으로 구하십시오."

(요 16:24) 그러므로 구하라. 지금까지는 너희가 내 이름으로 아무것도 구하지 않았다. 그러나 이제 내 이름으로 힘껏 구하라. 그러면 너희는 받게 될 것이고, 너희 잔은 기쁨으로 넘칠 것이다.

(마 7:7~8) 구하십시오! 그러면, 받을 것입니다. 찾으십시오! 그러면, 얻을 것입니다. 두드리십시오! 그러면, 열릴 것입니다. 누구든지 구하면 받고, 찾으면 얻고, 두드리면 열릴 것입니다.

"먼저 하나님의 나라와 의를 구하십시오."

(약 4:3) 만일 여러분이 하나님께 간구했는데도 얻지 못했다면, 그것은 여러분이 자신의 육신적인 쾌락을 누리는 데 쓰려고 잘못된 동기에서 구했기 때문입니다.

(마 6:33) 여러분은 무엇보다 먼저 하나님의 나라와 하나님의 의를 추구하십시오. 그리하면, 이 모든 것들을 여러분에게 덤으로 더해 주실 것입니다.

(요일 5:14~15) 하나님 앞에서 우리가 갖는 확신은 이러하니, 곧 무엇이든지 우리가 하나님의 뜻에 따라 구하면, 하나님께서는 언제든지 우리의 기도를 들어주신다는 사실입니다. 또 무엇을 구하든지 하나님께서 우리의 기도를 들어주신다는 것을 안다면, 우리가 하나님께 구한 것들을 그분께로부터 반드시 받게 된다는 것도 압니다.

"성령님께서는 무엇을 기도해야 하는지 모르는 우리를 위해 중보 기도를 하십니다."

(롬 8:26) 성령께서도 우리의 연약함을 적극 도와주십니다. 사실 우리는 무엇을 위해 기도해야 할지 잘 알지 못합니다. 그러나 성령께서는 말로 다 표현할 수 없는 절실함으로 우리를 위해 아주 적절하게 기도해 주십니다.

기도하는 자세

"진실된 마음으로 기도해야 합니다."

(마 6:5~6) 여러분이 기도할 때는 경건한 척하는 위선자들처럼 하지 마십시오. 그들은 남들에게 보이고 싶어서, 큰길이나 회당에서 기도하기를 무척 좋아합니다. 내가 진정으로 여러분에게 말합니다. 그들은 이미 자기가 받을 상을 다 받았습니다. 그러므로 당신은 혼자 골방에 들어가서, 문을 닫고 아버지께 기도하십시오. 그리하면 숨어서 지켜보시는 당신의 아버지께서 다 들어주실 것입니다.

(마 6:7~8) 또 기도할 때는, 이방 사람들처럼 빈말을 계속해서 되풀이하지 마십시오. 그들은 자꾸 되풀이해야만, 기도의 응답을 받을 줄로 잘못 생각하고 있습니다. 여러분은 그들을 본받지 마십시오. 여러분의 하늘 아버지께서는 여러분이 구하기 전에 여러분에게 무엇이 필요한지 이미 다 알고 계십니다.[5]

---

5 예수님이 유효한 기도라고 말씀하시는 것은 하나님과 사람 사이의 친밀함에 근거를 둔 것이다.

예배드릴 때

"예배는 영과 진리로 하나님께 드려야 합니다."

(요 4:24) 하나님께서는 영이시오. 그러므로 하나님을 예배하는 자들은 영과 진리로 예배를 드려야 하오.

찬양할 때

"하나님은 찬양 받기 합당하신 분이십니다."

(시 96:1~4) 새 노래로 주님을 노래하여라. 온 땅이여, 주님을 찬양하여라. 주님을 노래하고, 그 이름을 찬양하여라. 주님의 구원을 날이면 날마다 널리 선포하여라. 온 나라에 주님의 영광을 선포하고, 주님께서 행하신 놀라운 일들을 세상 사람들에게 널리 알려라. 주님은 참으로 위대하신 분이시니 높이 찬양을 받으셔야 마땅하고, 모든 신들 위에 홀로 경외를 받으셔야 마땅하도다.

"하나님은 찬양 받기 원하십니다."

(엡 1:11~12) 또한 모든 것을 자신이 원하시는 뜻대로 행하시는 하나님께서는 미리 예정하신 자신의 계획에 따라, 그리스도 안에서 우리를 상속자로 삼으셨습니다. 그것은, 그리스도 안에서 그분께 먼저 소망을 둔 우리로 하여금 하나님의 영광을 찬양하게 하기 위함입니다.

(히 13:15) 그러므로 우리는 예수를 통하여 하나님께 날마다 찬양의 제사를 드립시다. 그렇게 하는 것은, 그분의 이름에 감사하며 우리의 신앙을 고백하는 입술의 열매입니다.

KING

Chapter 2

하루를 시작할 때

“하나님과 매일을 동행하며 사십시오.”

(시 143:8) 내가 주님을 믿고 의지하오니, 아침마다 주님의 한결같은 사랑의 말씀을 듣게 해 주소서. 내 영혼을 주님께 바치오니, 내가 마땅히 가야 할 길을 알려 주소서.

(시 90:14) 주님의 그칠 줄 모르는 사랑으로 아침마다 우리를 흡족히 채워주셔서, 우리로 한평생 기뻐하고 즐거워하게 해주소서.

문제를 만날 때

"문제보다 더 크신 하나님께 집중하십시오."

(민 14:9) 여러분, 주를 거역하지 마십시오. 그 땅에 살고 있는 사람들을 두려워할 이유가 없습니다. 그들은 이미 우리의 밥이나 다름없습니다. 그들에게는 자신들을 지킬 만한 힘이 없습니다. 주께서는 우리와 함께 하십니다.

(시 121:1~2) 내가 눈을 들어 산[6]을 바라보리라. 나의 도움은 어디에서 올까? 나의 도움은 하늘과 땅을 지으신 주님께로부터 오는구나.

---

6 산에서의 위험으로부터 도움이 필요하다.

재난을 겪을 때

"환난 날에 하나님께 부르짖으십시오."

(시 50:15) 너희는 고통과 재난의 날에 나를 부르라. 내가 너희를 건져 주리니, 그러면 너희가 내게 영광을 돌리게 되리라.

(시 46:1~3) 하나님께서는 우리의 피난처시요 우리의 힘이시니, 어려운 고비 때마다 우리에게 항상 도움을 베푸시도다. 그러므로 땅이 심하게 흔들린다 해도, 산들이 바다 한가운데로 빠져 들어간다 해도, 우리에게는 아무 두려움이 없도다. 바다에 거센 폭풍이 몰아쳐 사나운 물결이 일어난다 해도, 그 물결이 흘러넘쳐 산들을 무너뜨린다 해도, 진실로 우리에게는 아무 두려움이 없도다.

(사 43:2) 네가 물 가운데로 지나갈 때에도 내가 너와 함께 하겠고, 네가 강을 건널 때에도 강물이 너를 휩쓸어 가지 못하도록 지켜 주겠다. 네가 불 속으로 걸어가더라도

네가 불에 타지 않도록, 불꽃이 너를 조금도 태우지 못하도록 내가 보살펴 주겠다.

안 좋은 일을 겪었을 때

“여호와의 생각이 우리의 생각보다 높습니다.”

(사 55:8~9) 주께서 말씀하신다. “내 생각은 너희 생각과 다르고, 내 길은 너희 길과 다르다. 하늘이 땅보다 높은 것 같이, 내 길은 너희 길보다 높고, 내 생각은 너희 생각보다 높다.”

(전 7:14) 시절이 좋을 때는 기뻐하고, 역경을 만날 때는 생각하라. 하나님께서는 우리 인생들에게 좋은 일도 주시지만 궂은일도 주시므로, 그렇기에 사람은 다음에 일어날 일을 헤아려 알지 못한다. 어찌 제 앞일을 알 수 있으랴!

두려울 때

"임마누엘, 하나님은 우리를 지키십니다."

(사 41:10) 그러므로 너는 두려워하지 마라. 내가 항상 너와 함께 있다. 너는 겁내지 마라. 내가 바로 네 하나님이다. 내가 너를 강하게 하고, 너를 도와주겠다. 내가 나의 의로운 오른팔로 너를 굳세게 붙들어 주겠다.

(시 27:1) 주는 나의 빛, 나의 구원이시니, 내가 누구를 두려워하랴! 주께서는 내 생명의 능력이시니, 내가 누구를 두려워하랴!

(신 31:6) 강하고 담대해지십시오. 그들 앞에서 두려워하거나 무서워하지 마십시오. 주께서 친히 여러분과 함께 가시고, 여러분을 떠나시거나 버리시지 않을 것이기 때문입니다.

걱정할 때

"모든 염려를 다 하나님께 맡기십시오."

(벧전 5:7) 여러분의 모든 근심과 염려를 하나님께 전부 맡기십시오. 하나님께서 여러분을 보살펴 주실 것입니다.

(빌 4:6~7) 어떤 일이든, 걱정하지 마십시오. 무슨 일을 당할지라도, 오직 기도와 간구로 여러분이 하나님께 바라는 것을 감사하는 마음으로 아뢰도록 하십시오. 그렇게 하면, 모든 인간적인 헤아림을 뛰어넘는 하나님의 평강이 여러분의 마음과 생각을 그리스도 예수 안에서 지켜 주실 것입니다.

불안할 때

"예수님은 우리에게 평안을 주십니다."

(요 14:27) 나는 너희 마음에 평안을 남기고 간다. 내가 주는 평안은 세상이 주는 평안과는 전혀 다르다. 그러므로 너희는 마음에 근심하지도 말고, 두려워하지도 말라.

"하나님은 우리를 평생 돌보아주십니다."

(사 46:4) 너희가 늙더라도 나는 여전히 너희를 안고 다닐 것이고, 너희가 백발이 되더라도 나는 변함없이 너희를 품고 다니겠다. 내가 너희를 지었으므로, 나는 너희를 안을 것이고, 품을 것이며, 건져줄 것이다.

마음이 상했을 때, 슬플 때

"하나님은 우리의 상처를 싸매어 주십니다."

(시 147:3) 주께서는 마음이 상한 자들을 어루만져 고쳐 주시고, 그들의 아픈 상처를 부드럽게 싸매주신다.

(시 30:11) 주께서 내 슬픔의 눈물을 기쁨의 춤으로 바꾸어 주셨고, 나에게서 통곡의 베옷을 벗기시고 기쁨의 나들이옷을 입혀 주셨도다.

(시 51:17) 정녕 하나님께서 바라시는 제사는 상처받고 찢겨진 심령입니다. 오 하나님, 그렇습니다. 그렇기에 주께서는 찢겨진 심령으로 깊이 뉘우치는 마음을 결코 외면하지 않으십니다.

외로울 때

"하나님께서 주시는 사랑으로 인해 나는 혼자가 아님을 느낍니다."

(시 27:10) 비록 내 부모는 나를 버릴지라도, 주께서는 이 몸을 끝내 붙들어 주실 것입니다.

우울할 때

"우울한 마음이 들 때 마음을 새롭게 하여 나를 향한 주님의 계획을 신뢰하십시오."

(렘 29:11) 너희를 위한 나의 계획은 내가 잘 알고 있다. 그것은 너희에게 평안을 주려는 선한 계획이지, 너희에게 재앙을 주려는 흉한 계획이 절대로 아니다. 정녕 나는 너희 장래에 소망을 주려는 선한 계획을 갖고 있다. 이것은 나 주의 말이다.

(롬 12:2) 여러분은 이 세상의 풍조를 더 이상 본받지 말고, 여러분의 마음을 새롭게 하여 변화되십시오. 그리하여 여러분은 하나님의 뜻이 무엇인지, 또 하나님께서 기뻐하시는 선하고 온전한 뜻이 어디에 있는지 옳게 분별하여, 그것을 받아들이도록 하십시오.

공허할 때

"영원히 마르지 않는 생명수 샘되신 하나님 품에 안기십시오."

(렘 2:13) 또 내 백성 이스라엘은 두 가지 죄악을 저질렀다. 곧 생명의 샘인 나를 버리고 떠난 것과 자기들 스스로 물웅덩이를 판 것이다. 하지만 그들이 판 물웅덩이는 물이 고일 수도 없는 터진 웅덩이에 불과했다.

"덧없는 인생살이에 크게 마음 쓸 일 없이 사는 동안 즐거워하십시오."

(전 5:18, 20) 그래서 내가 깨닫게 된 것은 이러하니, 곧 하나님께서 우리에게 허락해 주신 그 짧고 덧없는 인생이나마, 해 아래 이 세상에서 애쓰고 수고하여 얻은 것들로 즐겁게 먹고 마시며, 자기 일에 보람과 만족을 느끼는 것이 가장 좋은 일이며, 또한 바로 그것이야말로 사람이 하나님께 받은 몫이라는 사실이다. 이처럼 하나님께서는 사람의 마음에 나름대로 삶의 기쁨을 채워주실 것이므로, 사

람은 덧없고 짧은 자신의 인생살이를 슬퍼하거나 그리 심각하게 생각할 필요는 없다.

자살을 생각할 때

"하나님은 죽어가는 영혼을 살리십니다."

(시 40:2) 주께서 나를 절망의 구덩이와 멸망의 진흙 수렁에서 건져 주시고, 내 두 발을 든든한 바위 위에 올려놓으셨으니, 이제 나는 힘차게 걸을 수 있게 되었도다.

병들었을 때

"나보다 더 나를 사랑하시는 하나님을 붙드십시오."

(약 5:14~16) 혹 여러분 가운데 병든 사람이 있습니까? 그러면, 교회의 장로들을 청하여 기도를 받으십시오. 장로들은 주님의 이름으로 그 병든 자에게 기름을 바르고,[7] 그를 위해 기도하십시오. 간절한 믿음의 기도는 병든 사람을 낫게 할 것인데, 곧 주님께서 그를 회복시켜 주실 것입니다. 비록 그가 죄를 지었더라도 용서받을 수 있을 것입니다. 그러므로 여러분은 서로 죄를 고백하고, 병이 낫도록 서로를 위해 기도하십시오. 특히 의롭고 경건한 사람의 간절한 기도는 큰 효력이 있습니다.

(시 41:3) 그가 병들어 몸이 아플 때, 주께서 그를 보살펴 주셔서 다시 건강하게 회복시켜 주실 것이다.

7　그리스도인들은 의약적 용법과 그 사람을 성령의 권세에 내어드린다는 상징을 결합시켰다.

(말 4:2) 내 이름을 경외하는 너희에게는, 의의 태양[8]이 떠올라서 치료하는 광선을 찬란하게 비출 것이니, 그때에 너희가 외양간에서 풀려난 송아지처럼 펄쩍펄쩍 기쁘게 뛰어다닐 것이다.

---

8 여호와의 행동을 태양으로 은유한다.

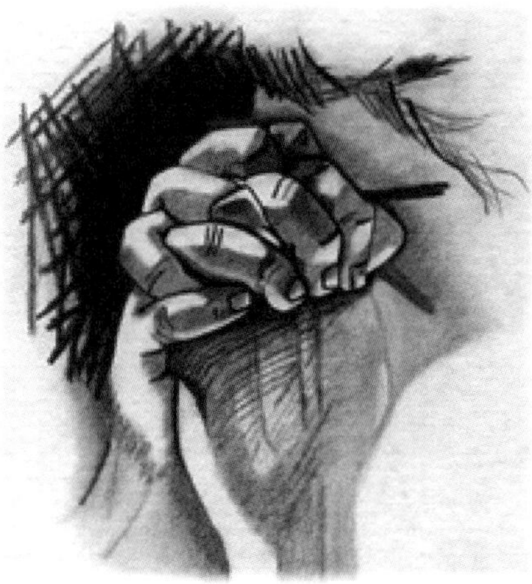

Chapter 3

짜증이 날 때

"하나님은 우리가 기뻐하기를 바라십니다."

(살전 5:16~18) 항상 기뻐하십시오. 끊임없이 기도에 힘쓰십시오. 어떤 처지에 놓여 있든, 모든 일에 감사하는 마음을 가지십시오. 이것이 그리스도 예수 안에서 여러분에게 바라시는 하나님의 뜻입니다.

화가 날 때

"노하기를 더디하고 하나님께 상한 심령을 토로하십시오."

(약 1:19~20) 사랑하는 나의 형제들이여, 이것을 마음에 새겨 두십시오. 즉, 사람마다 듣기는 빨리 하고, 말하기는 더디 하며, 노하기도 천천히 하십시오. 사람이 성내는 것은 절대로 하나님의 의를 이루지 못하기 때문입니다.

(엡 4:26~27) "화를 내더라도, 죄를 짓는 데까지 이르지 마십시오." 아무리 분한 일이 있더라도, 해가 지기 전에 다 풀어 버리십시오. 사탄에게 틈을 주지 마십시오.

"화가 나더라도 죄를 짓지 말고 잘못을 경고하십시오."

(마 18:15) 어떤 형제가 네게 잘못한 일이 있거든, 단둘이서 만나 그의 잘못을 타일러 주어라. 그 형제가 네 말을 듣고 잘못을 고백하면, 너는 형제 하나를 얻은 것이다.

(눅 17:3~4) 네 형제가 죄를 짓거든 그를 책망하고, 회개하거든 그를 용서해 주어라. 그 형제가 하루에 일곱 번이나 네게 죄를 짓고, 그때마다 네게 나아와서 '내가 잘못했소.' 하고 회개하면, 그를 지체 없이 용서해 주어라.

미운 마음이 들 때

“예수님은 정죄하지 말고 용서하라고 하십니다.”

(요 8:7) 그들이 계속 대답을 재촉하자, 예수께서 몸을 일으켜 그들에게 말씀하셨다. “여러분 가운데 죄 없는 사람이 먼저 이 여자에게 돌을 던지십시오.”

(엡 4:31~32) 모든 독설과 분노와 성내는 버릇과 말다툼과 비방하는 말을 삼가고, 모든 악의도 함께 던져 버리십시오. 오직 서로에게 친절히 대하고, 서로를 불쌍히 여기며, 하나님께서 그리스도 안에서 여러분을 용서하신 것과 같이 서로가 서로에게 먼저 용서를 베푸십시오.

“사람에게 부딪히며 다듬어집니다.”

(잠 27:17) 쇠는 쇠로써 비벼대야 강하고 날카로워지듯, 사람도 다른 사람들과 어울리고 부대껴야 그 지혜가 예리하게 된다.

싸웠을 때

"네 형제와 화해하십시오."

(마 5:23~24) 네가 만약 제단에 예물을 드리다가 네 형제가 너를 원망하고 있는 것이 생각나면 예물을 거기 제단 앞에 두고 우선 가서 그 사람과 화해하여라. 예물은 그 다음에 돌아와 드려라.

복수하고 싶을 때

"원수 갚는 것은 하나님께 맡기십시오."

(롬 12:19) 사랑하는 내 형제들이여, 원수에 대하여 여러분이 직접 복수하려고 하지 말고, 그 일은 하나님의 진노하심에 맡기십시오. 성경에 기록된 대로, 하나님께서는 말씀하시기를 "원수 갚는 일은 내가 할 일이니, 내게 다 맡기라." 하셨습니다.

"악은 미워하되 악인에게는 선행으로 대하십시오."

(롬 12:21) 악에게 지지 말고, 부디 선으로 악을 이기십시오.

(살전 5:15) 아무도 악을 악으로 갚지 마십시오. 도리어 서로에게와 모든 사람에게 항상 선한 일을 베풀도록 하십시오.

(눅 6:27~28) 내 말을 듣고 있는 너희에게 말하니, 마음

에 새겨들어라. 너희는 너희 원수를 사랑하라. 너희를 미워하는 사람들에게 선을 행하라. 너희를 저주하는 사람들에게 복을 빌어 주고, 너희에게 해를 끼치는 사람들을 위해 기도하라.

억울할 때

"여호와를 기다리면 그분이 구원해 주실 것입니다."

(잠 20:22) 너는 말하기를 "내가 꼭 원수를 갚겠다!" 하지 말아라. 원수 갚는 일은 주께 다 맡겨라. 그러면 주께서 너를 구원하시고, 모든 것을 알아서 처리해 주신다.

(시 57:6) 저 원수들은 내 목숨을 사냥하려고 내 발이 걸려 넘어지게 그물을 쳐 놓았습니다. 또 저들은 내 앞에 함정까지 깊이 파 놓았습니다. 그러나 보십시오! 오히려 저들이 그 함정에 빠지고 말았습니다.

고난을 겪을 때

“하나님은 모든 것을 합력하여 선으로 이끄십니다.”

(롬 8:28) 하나님을 사랑하는 사람들, 곧 하나님께 부르심을 받아 그분의 뜻대로 살아가는 사람들에게는, 모든 일들이 서로서로 협력해서 결국에는 선을 이룰 것임을 우리는 알고 있습니다.

(시 119:71) 주께서 내게 고난을 주신 것이 도리어 내게 약이 되고 유익이 되었습니다. 그런 고난으로 인해, 내가 비로소 주의 율례를 배우게 되었습니다.

“하나님은 더 많은 열매를 맺도록 우리를 연단하십니다.”

(요 15:2) 농부이신 내 아버지께서는, 내게 붙어 있으면서도 열매를 맺지 못하는 가지는 모두 잘라내시고, 열매를 맺는 가지는 손질하셔서 더 많은 열매를 맺게 하신다.

"연단을 통해 성숙한 그리스도인이 됩니다."

(롬 5:3~4) 그뿐만 아니라, 우리는 어려움 가운데서도 기뻐합니다. 왜냐하면 우리가 겪는 어려움이 인내를 낳고, 인내는 우리의 성품을 단련시켜 주며, 그러한 성품은 마침내 소망을 이루는 줄을 우리가 알기 때문입니다.

시험당할 때

“하나님은 우리를 시험하사 우리를 낮추시며 우리가 하나님의 명령을 지키는지 알려 하십니다.”

(신 8:2) 하나님께서 지난 40년 동안 광야에서 여러분을 인도해 주신 여정을 돌이켜보십시오. 주께서 그렇게 하신 까닭은, 여러분의 고집을 꺾어 겸손하게 하고, 여러분이 과연 주님의 명령에 순종할 것인지 아닌지 여러분의 속마음을 시험하시기 위함이었습니다.

“고난이나 시험을 당할 때 하나님을 의지해야 합니다.”

(시 34:17) 의로운 자들이 부르짖으면 주께서는 그 소리를 들으시고, 모든 고난에서 그들을 속히 건져 내신다.

(고전 10:13) 하나님께서는 신실하셔서 여러분이 감당할 수 없는 시련은 주지 않으십니다. 만일 여러분이 시련을 겪고 있다면, 하나님께서는 여러분이 능히 감당할 수 있도록 그 시련을 벗어날 길도 함께 마련해 주십니다.

(시 23:4) 비록 내가 죽음의 그늘이 드리운 깊숙한 골짜기를 지난다 해도, 내게는 아무 두려움이 없으니, 주께서 항상 내 곁에 계셔서, 권능의 지팡이와 막대기[9]로 나를 잘 보살펴 주시기 때문입니다.

9 이 두 가지는 목자들이 양떼를 인도하고 보호하는 데 사용되었다.

Chapter 4

사랑하라

"이웃을 내 자신과 같이 사랑하십시오."

(요 13:34~35) 이제 내가 너희에게 새 계명을 준다. 서로 사랑하여라. 내가 너희를 사랑한 것같이, 너희도 서로 사랑하여라. 너희가 서로 사랑하면, 그것을 보고, 세상 사람들이 너희가 내 제자인 것을 알게 될 것이다.

(요일 3:18) 자녀들이여, 그러므로 우리가 말이나 혀로만 사랑하지 말고, 행동으로 진실하게 사랑합시다.

(고전 13:4~7) 그러면 사랑은 무엇입니까? 사랑은 오래 참고, 친절합니다. 사랑은 시기하지 않고, 뽐내지 않으며, 교만하지 않습니다. 사랑은 무례하게 굴지 않고, 자기의 이익을 추구하지 않으며, 성내지 않고, 마음속에 원한을 품지 않습니다. 사랑은 불의를 기뻐하지 않으며, 진리와 함께 기뻐합니다. 사랑은 모든 것을 덮어 주고, 변함없이 항상 믿어 주며, 언제 어디서나 소망을 품고, 모든 것을 견

됩니다.

“성령을 따라 살 때 성령의 열매를 맺습니다.”

(갈 5:16, 22~23) 오직 성령의 인도에 따라 살아가십시오. 그러면 죄 많은 육체의 욕망을 만족시키려고 애쓰지 않게 될 것입니다. 성령의 인도에 따른 삶의 열매는 사랑과 기쁨과 평강과 인내와 친절과 선함과 신실함과, 온유와 절제입니다.

시기하지 마라

(약 3:16) 시기심과 이기적인 욕망이 들끓는 곳에는 온갖 혼란과 악행이 차고 넘칩니다.

비방하지 마라

(약 4:11~12) 형제들이여, 서로 비방하지 마십시오. 형제를 비방하거나 판단하는 사람은 곧 율법을 비방하고 율법을 판단하는 사람입니다. 여러분이 율법을 판단하면, 여러분은 율법을 행하는 사람이 아니라, 감히 율법을 심판하는 사람이 되는 것입니다. 율법을 만드신 분과 심판하시는 분은 오직 한 분뿐이신데, 그분만이 사람을 구원하실 수도 있고, 멸망시키실 수도 있습니다. 그러할진대 여러분이 도대체 무슨 권리로 자기 이웃을 심판한단 말입니까?

(마 7:1~2) 여러분은 남을 판단하지 마십시오. 그리하면, 여러분도 판단을 받지 않을 것입니다. 여러분이 남을 판단하면 여러분 또한 하나님께로부터 판단을 받을 것이고, 여러분이 남을 저울질하는 대로 여러분 또한 저울질을 당할 것입니다.

차별하지 마라

(롬 12:16) 서로서로 한마음이 되어 조화롭게 사십시오. 결코 교만한 마음을 품어서는 안 됩니다. 비천한 사람들과도 기꺼이 함께 사귀고, 스스로 지혜 있는 양 잘난 체하지 마십시오.

불평하지 마라

(빌 2:14) 무슨 일을 하든지, 불평이나 다툼 없이 행하도록 하십시오.

겸손하라

(빌 2:3) 무슨 일을 하든지, 이기심이나 허영으로 하지 말고, 오직 겸손한 마음으로 자기보다 다른 사람을 더 낫게 여기십시오.

(벧전 5:6) 여러분은 하나님의 권능의 손 아래서 자신을 낮춰 스스로 겸손하십시오. 때가 되면, 하나님께서 친히 여러분을 높이실 것입니다.

(잠 3:34) 주께서는 스스로 잘난 체하며 남을 비웃는 자들을 비웃으시고, 스스로 낮추는 겸손한 사람에게는 한량없는 은혜를 베풀어 주신다.

(잠 11:2) 교만한 사람에게는 수치가 뒤따르지만, 겸손한 사람에게는 지혜가 뒤따른다.

공감하라

(롬 12:15) 기뻐하는 사람들과 함께 기뻐하고, 슬퍼하는 사람들과 함께 슬퍼하십시오.

격려하라

(살전 5:11) 여러분은 지금 그렇게 하고 있는 것처럼, 서로 격려하고, 서로를 세워 주십시오.

돌보라

(빌 2:4) 여러분은 각자 자기 일만 돌보지 말고, 다른 사람의 일도 관심을 갖고 돌보아 주십시오.

(갈 6:2) 여러분은 서로 짐을 져주십시오. 그리하면 여러분은 그리스도의 법을 성취할 수 있게 될 것입니다.

(딤전 5:8) 누구든지 도움을 필요로 하는 자기 친척, 특히 자신의 직계 가족을 못 본 체하는 사람이 있다면, 그런 자는 이미 믿음을 저버린 사람으로서, 불신자들보다 더 악한 사람입니다.

선을 행하라

"지극히 작은 자에게 한 일이 예수님께 한 일입니다."

(마 25:35~36, 40) 너희는 내가 배고플 때 먹을 것을 주었고, 내가 목말랐을 때 마실 것을 주었으며, 내가 나그네 되었을 때 너희 집으로 따뜻하게 맞아들였다. 내가 헐벗었을 때 입을 것을 주었고, 내가 병들었을 때와 감옥에 갇혔을 때 나를 찾아와 주었다. 내가 진정으로 너희에게 말한다. 너희가 여기 있는 내 형제들 가운데 가장 보잘것없는 사람 하나에게 해준 것이 곧 내게 해준 것이다.

(히 13:16) 선한 일을 행하는 것과 나눠 주는 일을 소홀히 하지 맙시다. 이러한 제사야말로 하나님을 진정 기쁘시게 해드리는 것입니다.

(갈 6:9) 선한 일을 하다가 도중에 낙심하지 마십시오. 포기하지 않고 꾸준히 선한 일을 행하면, 때가 이를 때에 반드시 거둘 것입니다.

“모범을 보이십시오.”

(마 5:16) 이와 같이 여러분도 여러분의 빛을 가리지 말고, 모든 사람들에게 환히 비추십시오. 그리하여 세상 사람들이 여러분의 착한 행실을 보고, 하늘에 계신 여러분의 아버지께 영광을 돌리게 하십시오.

감사하라

"모든 일에 감사하십시오."

(살전 5:18) 어떤 처지에 놓여 있든, 모든 일에 감사하는 마음을 가지십시오. 이것이 그리스도 예수 안에서 여러분에게 바라시는 하나님의 뜻입니다.

(시 107:8) 주님의 크신 사랑에 감사드려라. 한결같은 사랑으로 사람들에게 베푸신 놀라운 일들로 인해 주님께 감사드려라.

Chapter 5

축복할 때

(요삼 1:2) 사랑하는 자여, 그대의 영혼이 건강한 것같이 그대의 모든 일들도 형통하고, 육신도 강건하기를 나는 바랍니다.

(민 6:24~26) 주께서 네게 복을 내리시고 너를 지켜주시길 비노라. 주께서 네게 밝은 빛을 비추어주시고, 네게 은혜를 베푸시길 비노라. 주께서 너를 늘 지켜주시고, 네게 평강 주시길 비노라.

말을 할 때

"일으켜 세우는 선한 말을 하십시오."

(엡 4:29) 남을 헐뜯는 나쁜 말은 입 밖에도 내지 말고, 기회가 닿는 대로 다른 사람을 일으켜 세워주는 선한 말을 해서, 듣는 사람들에게 은혜를 끼치도록 하십시오.

(골 3:16) 그리스도의 말씀이 여러분 가운데 풍성히 살아 있도록 하십시오. 모든 지혜로 서로 가르치고 권면하면서, 진심으로 하나님께 감사하는 마음으로 그분을 향해 시와 찬미와 신령한 노래를 부르십시오.

"칭찬하십시오."

(잠 27:21) 도가니로 은을 단련하고, 풀무로 금을 단련하듯이, 칭찬으로 사람의 됨됨이를 시험해 볼 수 있다.

"적절한 대답은 기쁨이 됩니다."

(잠 15:23) 적절한 대답은 사람의 마음을 기쁘게 하니,

제때에 알맞은 말은 참으로 좋고도 귀하다.

(골 4:6) 여러분은 소금으로 음식 맛을 내는 것처럼 언제나 은혜가 넘치는 말을 하도록 하십시오. 그러면 여러분은 각 사람에게 때에 맞는 적절한 대답을 할 수 있게 될 것입니다.

헐뜯지 마라

(잠 17:9) 남의 허물을 덮어주면 사랑을 받고, 남의 허물을 거듭거듭 들추어내면 친한 벗까지도 등을 돌린다.

(잠 11:13) 말 많은 수다쟁이는 여기저기 돌아다니면서 남의 비밀을 누설하지만, 그 마음이 믿음직한 사람은 남의 비밀을 잘 지켜준다.

(잠 10:19) 말이 많으면 실수도 많아 죄를 짓기 쉽지만, 말을 조심하는 사람은 참으로 지혜로운 자이다.

거짓말하지 마라

(엡 4:25) 새 사람을 입은 여러분은 무엇보다 거짓을 버리고, 각자 이웃에게 진실만을 말하십시오. 왜냐하면 우리 모두는 서로 한 몸의 지체들이기 때문입니다.

조언할 때

"지혜로운 사람은 겸손한 마음으로 훈계를 받아들입니다."

(잠 9:8~9) 우쭐대는 거만한 자를 꾸짖을 생각일랑은 하지도 말아라. 아무 유익 없이, 그에게 미움만 당할 뿐이기 때문이다. 도리어 현명한 사람을 꾸짖어라, 그러면 그가 너를 사랑할 것이다. 지혜로운 사람을 훈계를 하면 훈계할수록 더욱 지혜로워지고, 의로운 사람을 가르치면 가르칠수록 더욱 더 많은 것을 깨닫게 될 것이다.

경청하라

(약 1:19) 사람마다 듣기는 빨리 하고, 말하기는 더디 하며, 노하기도 천천히 하십시오.

(잠 18:13) 사연을 다 들어보기도 전에 대답부터 하는 것은 어리석은 짓이어서, 망신을 당하기 십상이다.

Chapter 6

약할 때

"내가 약할 때 온전히 그리스도의 능력에 의지하게 됩니다."

(고후 12:9) 그러나 주님께서는 내게 이렇게 말씀하셨습니다. "나는 네게 충분히 은혜를 베풀었다. 왜냐하면 나의 능력은 네가 약한 데서 비로소 완전해지기 때문이다." 그러므로 나는 그리스도의 능력이 내게 온전히 머물도록 하기 위해서, 나의 연약함에 대해 크게 기뻐하며 더욱 자랑할 것입니다.

"성령을 통해 우리의 속사람이 튼튼해집니다."

(엡 3:16) 그분 아버지 하나님께서 자신의 풍성하신 영광에 따라 성령을 통하여 여러분의 속사람을 굳세게 해 주시고,

자신감이 필요할 때

"그리스도의 능력에 힘입어 능히 감당할 수 있습니다."

(막 9:23) 예수께서 그에게 말씀하셨다. "보시오, '하실 수만 있다면'이라니, 그게 무슨 말이오? 믿는 자에게는 모든 일이 다 가능하오!"

(빌 4:13) 나에게 능력을 공급해 주시는 분 안에서, 나는 모든 일을 능히 감당할 수 있습니다.

공부할 때, 지혜가 필요할 때

"하나님께 지혜를 구하면 하나님께서는 지혜를 주십니다."

(약 1:5) 혹 여러분 가운데 누구든지 지혜가 부족하거든, 하나님께 지혜를 달라고 간구하십시오. 그러면 조금도 나무라는 일 없이 너그럽게 후히 주시는 하나님께서는 간구하는 모든 이들에게 지혜를 풍성하게 부어 주실 것입니다.

"하나님을 경외하는 것이 지혜의 시작입니다."

(잠 9:10) 주를 경외하는 것이 지혜의 근본이고, 거룩한 분을 아는 것이 슬기의 근본이다.

성실하라

(갈 6:5) 우리는 각자 자기 몫의 짐을 짊어지고 살아가야 합니다.

(잠 6:9~11) 게으른 자들아, 너는 어느 때까지 빈둥빈둥 놀고 그렇게 누워서 뒹굴려느냐? 언제 잠에서 깨어 일어나려느냐? "조금만 더 자야지, 조금만 더 눈을 붙여야지, 조금만 더 팔베개를 하고 누워 있어야지." 하다보면. 어느새 가난이 강도처럼 네게 들이닥치고, 빈곤이 무장한 용사처럼 너를 덮칠 것이다.

일을 계획할 때

“하나님께서는 각 사람에게 창조 목적에 따라 적합한 재능을 선물로 주셨습니다.”

(고전 12:18, 25) 하나님께서는 자신이 원하시는 대로 우리 몸에 여러 지체를 마련하시고, 서로 유기적으로 연결되어서 하나가 되게 해 주셨습니다. 이것은 몸 안에서 서로 간에 분열이 생기지 않도록, 각 지체들이 서로를 똑같이 걱정해 주면서 살도록 하기 위해서 그렇게 하신 것입니다.

“내 인생의 계획에 대해 하나님께 물으십시오.”

(잠 16:1) 계획을 세우는 것은 사람이지만, 일을 이루시는 분은 하나님이시다.

소명을 찾을 때

"하나님은 우리 안에서 소원을 두고 행하게 하십니다."

(엡 1:18~19) 나는 또 하나님께서 여러분의 마음의 눈을 밝게 하셔서, 하나님께서 어떤 소망 때문에 여러분을 부르셨는지, 또 성도들에게 베푸시는 하나님의 영광스러운 유업이 얼마나 풍성한지, 그리고 믿는 자들인 우리 속에서 강한 능력으로 역사하시는 하나님의 권능이 얼마나 큰지를 여러분이 깨닫게 되기를 기도합니다.

(빌 2:13) 하나님께서는 여러분 안에서 활동하셔서, 자신의 기쁘신 뜻에 따라 여러분으로 하여금 결정하게 하고 또 실천하게 하시는 분이십니다.

"하나님께서 주신 은사를 사용하여 서로 도우십시오."

(벧전 4:10) 여러분 각자가 하나님께 받은 독특한 은사가 무엇이든, 각각 하나님의 은사를 맡아 관리하는 선한 청지기답게 서로를 섬기고 서로에게 봉사하는 데 그 은사를 사용하도록 하십시오.

일을 할 때

"주께 하듯 사랑으로 일하여 어려운 이웃을 도우십시오."

(골 3:23) 무슨 일을 하든, 사람에게 하듯 하지 말고 주께 하듯 온 마음을 다해 하십시오.

(엡 4:28) 도둑질을 해왔던 사람은 다시는 도둑질을 하지 말고, 이제부터는 땀 흘려 자기 손으로 힘껏 벌이를 해서, 도리어 궁핍한 사람들에게 뭔가 나누어 줄 수 있도록 하십시오.

"즐겁게 일하십시오."

(전 3:22) 내가 보기에, 사람이 자기 일에 만족하고 보람을 느끼며 사는 것보다 더 좋은 것이 없으니, 그것이야말로 사람으로서 그가 받은 몫이요 운명이기 때문이다.

"눈물로 씨를 뿌리면 하나님께서 성장시키십니다."

(신 28:12) 주께서는 하늘 창고들을 여시어 철 따라 비를

내려주시고, 여러분이 수고한 모든 일들이 열매를 맺게 하실 것입니다. 여러분은 다른 민족들에게 빌려주는 사람이 될지언정, 빌려야 하는 일은 없을 것입니다.

(시 126:5~6) 눈물을 흘리며 씨를 뿌리는 사람은 기쁨으로 거두리라. 울며 씨를 뿌리러 나가는 사람은 정녕 기쁨으로 곡식단을 거두어 돌아오리라.

인내가 필요할 때

"하나님의 때를 기다리십시오."

(히 6:12) 여러분은 게을러서는 안 됩니다. 오직 믿음과 인내로 약속된 유산을 물려받은 신앙의 인물들을 본받는 자들이 되어야 합니다.

(시 40:1) 내가 참고 견디며 주를 간절히 기다렸더니, 주께서 나의 부르짖음을 들어 주셨도다.

(시 37:7) 주 앞에서 마음을 고요히 하고, 묵묵히 참고 그분을 기다려라. 악한 자들이 잘 되는 것을 보더라도 조금도 초조해 하지 말고, 악한 계획이 잘 풀려나간다고 전혀 불평하지 말아라.

Z
z
z

Chapter 7

짐이 무거울 때

"여러분의 짐과 장래를 하나님께 맡기십시오."

(시 55:22) 너는 네 짐을 주께 맡겨라. 주께서 너를 붙들어 주시리라. 주께서는 올바르게 살려고 하는 의인을 망하도록 내버려두지 않으신다.

지쳤을 때

"예수님께서 주시는 평안 안에서 쉼을 얻으십시오."

(마 11:28) 수고하고 무거운 짐을 진 자들이여, 다 내게로 오십시오. 내가 여러분을 편히 쉬게 하겠습니다.

"하나님께로부터 새 힘을 얻으십시오."

(사 40:29, 31) 그분께서는 지친 사람들에게 힘을 부어주시고, 약한 사람들에게는 기운을 북돋워주는 분이시다. 오직 주님을 바라보고 그분께 소망을 주께 두는 사람은 언제나 새 힘을 얻을 것이니, 마치 독수리가 힘차게 날개를 치며 하늘로 솟구쳐 오르듯 그렇게 높이 올라갈 것이요, 아무리 멀리 뛰어도 지치지 않고, 아무리 오래 걸어도 피곤하지 않을 것이다.

절망할 때, 포기하고 싶을 때

"하나님께서 기뻐하시는 길은 하나님께서 책임져 주십니다."

(시 37:23~24) 주께서 기뻐하시는 길을 걷는 자는 주께서 항상 그의 발걸음을 인도해 주신다. 비록 그는 넘어지더라도 아주 쓰러지지는 않을 것이니, 주께서 강한 손을 내밀어 그의 손을 꼭 붙잡아 주실 것이기 때문이다.

(잠 16:3) 네 모든 계획을 주께 맡겨라. 그리하면 주께서 네 일을 이루어주실 것이다.

방황할 때

"우리의 갈 길을 인도하시는 하나님을 신뢰하십시오."

(잠 3:5~6) 너는 온 마음을 다하여 오직 주를 신뢰하고, 네 지식을 의지하지 말아라. 무슨 일을 하든지, 너는 주님을 인정하여라. 그리하면 주께서 너를 인도하셔서, 네게 바른 길을 알려주실 것이다.

"하나님께 소망을 두고 믿음으로 확신하십시오."

(히 11:1) 믿음은 우리가 바라는 것들에 대한 실체요, 보이지 않는 것들에 대한 증거입니다.

Chapter 8

결혼 생활

"배우자를 사랑하고 존경하십시오."

(엡 5:33) 여러분은 각각 자기 아내 사랑하기를 자신의 몸을 사랑하듯 하고, 아내도 주께 하듯 자기 남편을 존경하십시오.

"이혼이나 별거를 가볍게 생각하지 마십시오."

(마 19:5~6) 또 '남자는 부모를 떠나, 제 아내와 합하여 한 몸이 될 것이다.'라고 되어 있소. 이처럼 결혼한 두 사람은 둘이 아니라, 한 몸이오. 하나님께서 짝지어 주신 것을 사람이 나누어서는 안 됩니다.

(고전 7:10, 14~16) 결혼하신 분들에게 말합니다. (이것은 나의 말이 아니라, 주님의 명령입니다.) 아내는 남편과 헤어져서는 안 됩니다. 그것은, 믿지 않는 남편이 자기의 믿는 아내를 통해 거룩하게 되었고, 또한 믿지 않는 아내가 자기의 믿는 남편을 통해 거룩하게 되었기 때문입니다.

그렇지 않다면, 여러분의 자녀는 부정하게 되겠지만, 그것이 아닙니다. 이제 그들은 거룩합니다. 그러나 만일 믿지 않는 배우자가 헤어지기를 원한다면, 그렇게 해도 됩니다. 믿는 형제나 믿는 자매가 그런 일에 얽매일 필요는 없습니다. 하나님께서는 자신의 자녀들이 평화롭게 살아가기를 원하십니다. 하지만 신중하십시오. 믿는 아내들이여, 당신이 당신의 남편을 이끌어 구원하게 될지 어떻게 알겠습니까? 믿는 남편들이여, 당신이 당신의 아내를 이끌어 구원하게 될지 어떻게 알겠습니까?

"순결을 지키십시오."

(잠 5:18~20) 너는 네 샘이야말로 참으로 복된 줄 알고, 네가 젊은 날에 기뻐서 취한 네 아내와 함께 즐거움을 누리도록 하여라. 네 아내를 너의 사랑스러운 암사슴, 아름다운 암노루로 여기고, 오직 그녀의 품만을 언제나 만족스럽게 여기고, 그녀의 사랑을 항상 사모하도록 하여라. 내 아들아, 어찌 음란한 외간 여자에게 네 마음을 빼앗기겠으며, 어찌 부정한 다른 여자의 가슴을 껴안겠느냐?[10]

---

10 부부가 아닌 남녀의 성적 관계를 간음이라고 정의하고 있으며, 혼전성교도 이에 포함된다.

자녀를 키울 때

"주님의 훈계와 가르침으로 키우십시오."

(엡 6:4) 부모들이여, 여러분의 자녀를 자극하여 화나게 하지 말고, 오직 주의 교훈과 훈계로 잘 기르십시오.[11]

(잠 29:15) 회초리와 꾸지람은 자식에게 지혜를 가져다 주지만, 그냥 내버려둔 자식은 그 어머니를 욕되게 한다.

---

11 바울은 과도하게 매를 때리는 것에 찬성하지 않는 듯이 보이는 고대의 몇 안 되는 저자들 중 하나이다.

부모님께

"부모님을 공경하고 기쁘게 해 드리십시오."

(엡 6:2~3) "네 부모를 공경하라." 하신 말씀은 하나님의 보상 약속이 딸려 있는 첫째 계명으로서, 곧 "그리하면, 네가 만사에 잘 되고 땅에서 오랜 수명을 누릴 것이다." 하였습니다.

(잠 6:20, 23) 내 아들아, 네 아버지의 명령을 명심하고, 네 어머니의 가르침을 흘려듣지 말아라. 참으로 그 명령은 등불이요, 그 가르침은 빛이며, 그 훈계의 꾸지람은 생명의 길이니,

(잠 23:25) 너는 어버이를 기쁘게 해 드리고, 특히 너를 낳아준 어머니를 즐겁게 해 드려라.

친구에게

“한 사람이 넘어지면 다른 사람이 일으켜 줍니다.”

(전 4:9~10) 내가 또 깨닫고 보니, 혼자보다는 둘이 더 낫다. 혼자서 애쓰는 것보다는 둘이서 함께 일하고 노력할 때 더욱 좋은 결과를 얻을 수 있기 때문이다. 둘이면, 길을 가다가 그중에 한 사람이 넘어지면 다른 한 사람이 얼른 자기 동무를 일으켜 줄 수 있다. 그러나 혼자 가다가 넘어지면, 불쌍하게도 그를 일으켜 줄 사람이 아무도 없다.

Chapter 9

물질의 필요를 느낄 때

"하나님은 먹이시고 입히시는 분입니다."

(마 6:31~32) 먹을 것, 마실 것, 입을 것을 놓고 걱정하거나 염려하지 마십시오. 이방 사람들처럼 왜 그런 것들에 여러분의 마음을 쏟습니까? 하늘에 계신 여러분의 아버지께서는 여러분에게 무엇이 필요한지 너무나도 잘 알고 계십니다.

(시 102:17) 주께서는 헐벗고 가난한 자들의 기도를 들어주실 것이며, 그들의 간구를 외면하지 않으실 것입니다.

(빌 4:19) 나의 하나님께서 그리스도 예수 안에서 영광 가운데 그분의 풍성하심을 따라 여러분의 모든 필요를 차고 넘치도록 풍족하게 채워 주실 것입니다.

돈을 사랑하지 마라

"하나님과 재물을 같이 섬길 수 없습니다."

(마 6:24) 아무도 두 주인을 동시에 섬길 수 없습니다. 한쪽을 사랑하면 다른 한쪽을 미워하게 되고, 한쪽을 소중히 여기면 다른 한쪽은 무시하게 됩니다. 이처럼 여러분은 하나님과 재물을 동시에 섬길 수 없습니다.

(히 13:5) 돈을 사랑하여 돈에 얽매이지 말고, 지금 갖고 있는 것으로 만족하십시오. 하나님께서는 우리에게 친히 말씀하시기를 "내가 결코 너를 떠나지 않을 것이고, 너를 버리지 않을 것이다."라고 했습니다.

"분수에 맞게 사는 지혜를 배우십시오."

(잠 23:4) 부자가 되려고 너무 애쓰지 말고, 그런 생각을 절제하는 지혜를 가져라.

(잠 16:8) 올바르게 살면서 적게 버는 것이 불의하게 살

면서 많이 버는 것보다 훨씬 낫다.

(딤전 6:9) 스스로 만족할 줄 모르고 끊임없이 부자가 되기를 갈망하는 사람들은, 여러 가지 유혹과 덫에 걸려 어리석은 일을 저지르고, 결국 스스로 파멸의 구렁텅이에 빠지곤 합니다.

헌금할 때

"지금 여러분에게 있는 풍성한 것으로 다른 사람들의 궁핍한 것을 채워 주십시오."

(고후 8:14~15) 지금 여러분이 넉넉하여 그들의 궁핍을 채워 주면, 그들이 넉넉해질 때 그들도 여러분의 궁핍을 채워 줄 것입니다. 그것이 바로 평등을 이루는 일입니다. 그러기에 성경에도 기록되어 있기를 "많이 거둔 사람들도 남지 않았고, 적게 거둔 사람들도 모자라지 않았다." 했습니다.

(신 8:17~18) 여러분은 잘 먹고 잘 살게 되더라도, 그 모든 것은 내 힘과 내 능력으로 일구었다고 자만하지 마십시오. 주께서 여러분의 조상들에게 약속하신 것을 지키기 위하여 여러분에게 능력을 주고 힘을 주셨다는 것을 깨달아야 합니다.

"기쁜 마음으로 각자의 형편에 맞게 헌금하십시오."

(고후 9:7) 각 사람은 자기 마음에 정한 대로 정성껏 헌금해야 하고, 아까워하면서 하거나, 또는 마지못해서 하는 일이 없어야 할 것입니다. 하나님께서는 기쁜 마음으로 바치는 사람을 사랑하십니다.

(말 3:10) 나 전능한 만군의 주가 말한다. 이제 너희가 온전한 십일조[12]를 나의 성전 창고에 들여 놓아, 내 집에 양식이 넉넉하게 있도록 하라. 그러면 내가 과연 하늘 문을 활짝 열고 너희 창고에 쌓아놓을 데가 부족하도록 너희에게 복을 쏟아 붓지 아니하는지, 너희가 이 일로 나를 한 번 시험해 보아라.

12 십일조를 드리면서 하나님에 대한 헌신을 보이며, 제사장 집단과 빈곤한 자들을 돕고자 한다.

Chapter 10

욕심이 생길 때

"우리 안에 육체의 옛 죄성은 남아 있습니다."

(롬 7:22~23) 진실로 내 마음에 있는 속사람은 하나님의 법을 기뻐합니다. 그러나 내 몸의 다른 부분들 속에는 다른 법이 자리 잡고 있어서, 내 마음의 법과 맞서 싸워, 나를 죄의 법의 포로로 만들어 버리는 것을 봅니다.

"육체의 욕망은 죄를 낳습니다. 성령을 따라 사십시오."

(약 1:14~15) 사실, 사람이 시험을 당하는 것은 저마다 자신의 악한 욕심에 이끌려서, 그 유혹에 스스로 빠져들기 때문입니다. 그러므로 욕심이 잉태하여 죄를 낳고, 죄가 자라나서 결국 죽음을 낳게 됩니다.

(갈 5:16~17) 오직 성령의 인도에 따라 살아가십시오. 그러면 죄 많은 육체의 욕망을 만족시키려고 애쓰지 않게 될 것입니다. 죄 많은 육체의 욕망은 성령을 거스르고, 반대로 성령이 원하시는 것은 육체를 거스릅니다. 육체와

성령, 이 둘은 서로 갈등하고 충돌하기 때문에 여러분이 원하는 바를 할 수 없게 합니다.

방탕하게 살 때

"불의한 자들은 하나님의 나라를 상속받지 못합니다."

(고전 6:9~10) 그런 짓을 행하는 자들은 하나님의 나라를 상속받지 못한다는 것을 여러분은 알지 못합니까? 스스로 착각하지 마십시오. 성적으로 문란한 자들, 우상 숭배자들, 간음하는 자들, 남창 노릇을 하는 자들, 동성연애를 하는 자들, 도둑질하는 자들, 탐욕을 부리는 자들, 술꾼들, 남을 헐뜯는 자들, 그리고 다른 사람을 속여 사기를 치는 자들은 결코 하나님의 나라를 상속받을 수 없습니다.

(엡 5:18) 술에 취해 살지 마십시오. 그 길은 방탕의 길입니다. 오직 성령으로 충만해지십시오.

"악한 길에서 돌이키고 하나님께 돌아오라."

(사 55:7) 악한 자들아, 이제 네 길을 버리고 주께로 돌아오라! 불의한 자들아, 이제 네 생각을 돌이켜서 주께로 돌아오라! 그러면 주께서 불쌍히 여기시고 얼마든지 받아주

실 것이다. 속히 우리의 하나님께로 돌아오라! 주께서 너그러운 마음으로 기꺼이 용서해 주실 것이다.

(요일 1:9) 그러나 우리가 죄인임을 인정하고 스스로 죄를 고백하면, 하나님께서는 참으로 신실하고 의로우신 분이시므로 우리의 죄를 다 용서해 주시고, 모든 불의에서 우리를 깨끗하게 해 주실 것입니다.

거룩하라

"죄로부터 우리 자신을 분리하여 거룩하게 살아야 합니다."

(롬 6:19) 여러분이 이제껏 여러분의 몸을 더럽고 사악한 것들에 내맡겨 죄의 종으로 살아온 것처럼, 이제는 여러분의 몸을 의의 종으로 드려 거룩[13]함에 이르도록 하십시오.

(롬 6:13) 여러분은 육신의 한 부분이라도 죄에 내맡겨 죄의 도구가 되게 해서는 안 됩니다. 도리어 죽은 자들 가운데서 살아난 사람들답게 여러분 자신을 하나님께 바쳐야 합니다. 그래서 하나님께서 여러분의 몸의 모든 부분을 의의 도구로 사용할 수 있도록 하십시오.

---

13 히브리어로 거룩은 '잘라냄, 분리함'을 의미하며, 더러움과 분리된 상태를 말한다.

(요일 2:15~16) 여러분은 세상을 사랑하지 마십시오. 또한 세상에 속한 어떤 것들도 사랑하지 마십시오. 누구든지 세상을 사랑한다면, 그 사람에게는 아버지 하나님을 향한 사랑이 없습니다. 그 까닭은, 세상에 속한 모든 것들 곧 육신의 정욕과 눈의 욕망과 세상살이의 자랑 등은 모두 아버지 하나님께로부터 비롯되는 것이 아니라, 타락한 세상에서 비롯되는 것이기 때문입니다.

계명을 지키라

"예수님을 사랑하는 마음으로 성령님을 힘입어 계명을 지키십시오."

(요 14:15~16, 20) 너희가 나를 사랑한다면, 내 계명을 지켜라. 그러면 내가 아버지께 구할 것이고, 아버지께서는 다른 '돕는 분'[14]을 너희에게 보내셔서, 너희와 영원히 함께하게 하실 것이다. 그 날에 너희는, 내가 아버지 안에 있고, 너희가 내 안에 있으며, 또 내가 너희 안에 있다는 것을 알게 될 것이다.

"계명을 지키는 일은 우리 영혼의 생명과 건강을 지켜줍니다."

(잠 4:20~23) 내 아들아, 내가 하는 말을 귀 담아 잘 듣고, 네게 이르는 말을 가슴에 새겨 두어라. 내 말에서 잠시

---

14 성령님

도 한눈을 팔지 말고, 그 말을 마음속 깊이 담아 두어라. 내가 이르는 말을 깨닫는 사람은 그 말이 생명이 되고, 그의 온몸을 건강하게 해 줄 것이다. 무엇보다도 네 마음을 잘 지켜라. 네 마음에서 생명의 샘이 흘러나오기 때문이다.

올바르게 살아라

"마음속에 선한 것을 쌓으십시오."

(눅 6:45) 선한 사람은 선한 마음으로부터 선한 행동을 하고, 악한 사람은 악한 것이 마음속에 숨어 있어서 자연스레 악한 행동을 한다. 이와 같이 마음속에 들어 있는 것들이 입 밖으로 흘러나오는 법이다.

"심은 대로 거둡니다."

(갈 6:7~8) 스스로를 속이지 마십시오. 하나님께서는 결코 속임을 당하지 않는 분이십니다. 사람이 무엇을 심든지, 심은 대로 거둘 것입니다. 죄 많은 육체를 위해 심는 사람은 그 육체로부터 썩어질 것을 거두겠지만, 성령을 위해 심는 사람은 성령으로부터 영생을 거둘 것입니다.

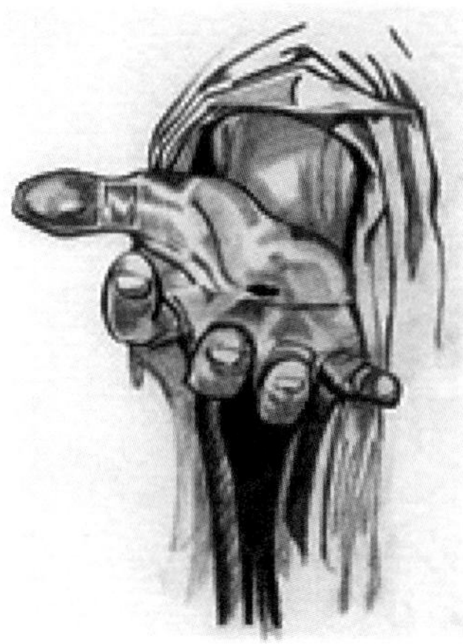

Chapter 11

신앙생활에 소홀해질 때

“여호와를 기억하십시오.”

(삼상 12:24) 여러분은 주를 두려워하고 온 마음을 다해 주를 진실하게 섬기십시오. 주께서 여러분을 위해 얼마나 위대한 일을 하셨는지를 항상 생각하십시오.

“항상 기도하며 깨어 있으십시오.”

(눅 21:34, 36) 너희는 정신을 바짝 차려라. 그렇지 않으면, 방탕하고 술 취하고 세상살이에 대한 걱정으로 마음이 짓눌려서, 그 날이 뜻밖에 덫과 같이 너희에게 갑자기 닥쳐올 것이다. 그러므로 너희는 앞으로 일어날 이 모든 끔찍한 일들을 겪지 않고 인자 앞에 설 수 있도록 늘 깨어서 기도하라.

그리스도인으로 살 때

"이제는 내가 사는 것이 아니요. 오직 내 안에 그리스도께서 사시는 것이라."

(갈 2:20) 나는 그리스도와 함께 십자가에 못 박혔습니다.[15] 그러므로 이제는 더 이상 내가 사는 것이 아니라, 내 안에 계시는 그리스도께서 사시는 것입니다. 내가 지금 육신을 갖고 살고 있는 것은, 오직 나를 사랑하셔서 나를 위해 자기 몸을 내어 주신 하나님의 아들 그리스도를 믿는 믿음으로 살고 있는 것입니다.

(갈 5:24) 그리스도 예수께 속한 사람들은 죄 많은 육체와 더불어, 육체의 정욕과 욕망을 십자가에 못 박은 자들입니다.

---

15 그리스도 안에서 죄에 대해 죽음

“자기를 부인하고 매일 자기 십자가를 지고 예수님을 따르라.”

(눅 9:23) 예수께서는 모든 사람들에게 말씀하셨다. “누구든지 나를 따르려거든, 자기를 부인하고 날마다 자기 십자가를 지고 나를 따라야 합니다.”

(히 12:1) 형제들이여, 이렇게 구름 떼처럼 수많은 증인들이 우리를 둘러싸고 있으므로, 오늘날 우리도 온갖 무거운 짐들과 쉽사리 얽혀들게 하는 모든 죄악을 다 떨쳐 버리고, 믿음으로 우리 앞에 놓인 목표를 향해 끝까지 참고 견디며 달려갑시다.

여호와를 사랑하라

(신 6:5) 온 마음과 온 영혼으로 하나님을 사랑하십시오.

(롬 8:38~39) 나는 확신합니다. 죽음도, 생명도, 천사들도, 귀신들도, 현재 일도, 장래 일도, 그 어떤 세력도, 아무리 높은 곳도, 아무리 깊은 곳도, 그리고 세상의 그 어떤 피조물일지라도, 우리를 우리 주 그리스도 예수 안에 있는 하나님의 사랑에서 결코 떼어놓을 수 없습니다.

여호와를 경외하라

(눅 12:4~5) 사랑하는 내 친구들아, 내가 너희에게 진정으로 말한다. 몸은 죽여도, 더 이상은 어떻게 하지 못하는 자들을 두려워하지 말라. 너희가 참으로 두려워해야 할 분은, 너희 몸을 죽일 뿐만 아니라, 그 후에 너희를 지옥에 던질 수 있는 권세를 가진 분[16]이시다.

(잠 1:7) 주를 경외하는 것이야말로 모든 지식의 근본이건만, 어리석은 사람들은 지혜를 가볍게 여기고 훈계를 멸시한다.

---

16 심판자 하나님

여호와께 순종하라

"하나님의 뜻대로 살려고 애쓰십시오."

(삼상 15:22) 사무엘은 다시 사울을 책망했다. "주께서 어느 것을 더 좋아하시겠소? 번제물과 화목제물이겠소, 아니면 주께 순종하는 것이겠소? 주께 순종하는 것이 제사보다 낫고, 주의 말씀을 따르는 것이 숫양의 기름보다 낫습니다."

(신 10:12) 이스라엘 백성들이여, 여러분의 하나님께서 여러분에게 요구하시는 것이 무엇입니까? 여러분의 하나님을 경외하고, 주께서 가르쳐 주신 길을 걸으며, 온 마음과 온 영혼으로 주를 섬기는 일이 아니겠습니까?

Chapter 12

전도할 때

"온 세상에 복음을 전하여라."

(막 16:15~16) 예수께서 제자들에게 말씀하셨다. "너희는 온 세상을 두루 다니며, 모든 사람에게 복음을 전파하라. 믿고 세례를 받는 사람은 구원을 얻을 것이지만, 믿지 않고 거부하는 사람은 정죄 받아 심판을 받을 것이다."

"성령의 능력을 의지하여 복음을 선포하십시오."

(행 1:8) 성령이 너희에게 임하시면, 너희는 권능을 받게 될 것이다. 그러면 너희는 예루살렘에서, 유대와 사마리아 전 지역에서, 그리고 땅 끝까지 이르러 나의 증인이 될 것이다.

(고전 2:4~5) 내가 여러분에게 전하는 말과 설교는 그리 지혜롭지도 못했고, 설득력이 있는 것도 아니었습니다. 다만 나는 성령의 능력을 보여 주고자 한 것뿐입니다. 그

리하여 나는 여러분의 믿음이 사람의 지혜에 뿌리를 내리지 않고, 오직 하나님의 능력에 뿌리 내리기를 간절히 바랐던 것입니다.

"구원과 심판은 하나님께 달려있습니다."

(마 10:14) 어느 마을이나 집이든 너희 말을 받아들이지 않거든, 그곳을 떠날 때 너희 발에 묻은 먼지를 탈탈 털어버리라.

성도의 교제와 양육

"믿는 자들이 같이 모이기를 힘쓰라."

(히 10:25) 어떤 사람들의 잘못된 습관처럼, 우리는 함께 모이는 일을 절대로 소홀히 하지 말고, 도리어 서로를 격려하고 권면하는 가운데 주의 재림의 날이 가까워 오는 것을 볼수록 더욱 힘써 모이도록 합시다.

"너희는 가서 모든 민족을 제자로 삼아라."

(마 28:19~20) 너희는 가서, 세상 모든 민족의 모든 사람들을 제자[17]로 삼아, 아버지와 아들과 성령의 이름으로 세례를 베풀고, 내가 너희에게 명한 모든 것을 그들에게 가르쳐 지키게 하라. 보라, 내가 세상 끝날까지 항상 너희와 함께 있겠다.

---

17 여기서 제자는 예수님의 제자이다. 제자는 두 가지 방법으로 만들어지는데, 첫째는 세례다. 세례는 회심의 행위로서 사람들을 신앙의 길로 들어서게 하는 절차였다. 둘째는 예수님의 계명을 가르치는 일이었다.

사명을 감당할 때

"항상 주의 일에 더욱 힘쓰는 일꾼이 되십시오."

(고전 15:58) 나의 사랑하는 형제들이여, 그러므로 굳게 서서 흔들리지 말고, 항상 주의 일에 더욱 힘쓰는 자들이 되십시오. 여러분이 아시는 대로, 주 안에서 행하시는 여러분의 모든 수고가 결코 헛되지 않습니다.

(딤후 2:15) 오직 그대는 진리의 말씀을 올바르게 가르치는, 조금도 부끄러울 것이 없는 일꾼으로 하나님께 인정받을 수 있도록 최선을 다해 힘쓰십시오.

"예수님 안에 거할 때 열매를 맺습니다."

(요 15:4) 내 안에 머물러 있어라. 그리하면, 나도 너희 안에 머물러 있겠다. 어떤 가지도 포도나무에 붙어 있지 않으면 열매를 맺을 수 없듯이, 너희도 나를 떠나서는 아무런 열매도 맺을 수 없다.

"우리를 사랑하시는 하나님을 힘입어 넉넉히 이깁니다."

(롬 8:37) 그러나 이 모든 일에 대해 우리는 우리를 사랑하시는 분 곧 예수 그리스도를 통해, 그분의 능력을 힘입어 넉넉히 이길 수 있습니다.

그리스도인이 받는 고난

"담대하여라! 내가 세상을 이기었다!"

(요 16:33) 내가 이 모든 것을 너희에게 일러두는 것은, 너희로 하여금 내 안에서 평안을 누리게 하기 위해서다. 이 세상에서 너희는 많은 고난을 겪을 것이다. 그러나 담대하여라! 내가 세상을 이겼다.

(마 10:22) 나를 믿는다는 이유만으로 사람들이 너희를 미워할 것이다. 그러나 끝까지 참는 사람은 구원을 받을 것이다.

(벧전 1:6~7) 여러분이 지금 잠깐 동안 온갖 시련 가운데서 어쩔 수 없이 고통을 당할지라도, 진심으로 기뻐하십시오. 이런 시련은 여러분의 믿음이 얼마나 순결한 것인가

를 입증하기 위한 시험[18]에 불과한 것으로, 그런 시련을 통해 여러분의 믿음은 비록 불에 의해 정련되더라도 결국엔 사라지고 마는 금보다 더 귀한 것으로 판명되어, 마침내 예수 그리스도께서 오실 때에 여러분은 그분에게서 칭찬과 영광과 존귀를 얻게 될 것입니다.

---

18 하나님이 주시는 시험의 목적은 시험받는 사람의 헌신을 강화하는 것이다. 고난은 사람을 회개하도록 하는 징계가 되어 하나님의 백성을 일깨우도록 한다.

천국을 소망하라

"이제는 죽음도, 슬픔도, 울음도, 아픔도 없으며"

(계 21:4) 하나님께서 그들의 눈에서 모든 눈물을 몸소 닦아 주실 것이니, 이제 더 이상 죽음이 없고, 다시는 슬픔도 우는 것도 아픈 것도 절대로 없을 것이다. 그것은, 이전 것들이 다 사라져 버렸기 때문이다.

(고후 4:18) 우리는 보이는 것을 바라보지 않고, 보이지 않는 것을 바라봅니다. 보이는 것은 잠깐이지만, 보이지 않는 것은 영원하기 때문입니다.

죽음을 앞두고

(딤후 4:6~8) 나 바울은 이미 부어 드리는 제물처럼 피 흘려 주께 바쳐질 때가 되었고, 그리하여 이 세상을 떠날 때가 다가왔습니다. 지금껏 나는 선한 싸움을 다 싸웠고, 달려갈 길을 다 끝냈으며, 나의 믿음을 굳게 지켰습니다. 그러므로 이제는 의의 월계관이 나를 기다리고 있습니다. 그 날에, 의로운 재판장이신 주께서 그 승리의 월계관을 나에게 씌워주실 것인데, 나에게 뿐만이 아니라, 주의 재림을 간절히 기다려온 모든 믿는 자들에게도 역시 그리 하실 것입니다.